HUNDE
GASSI-BOX

1 | BINDUNGSSPAZIERGANG

Wer erreicht hat, dass sein Vierbeiner unterwegs von selbst immer Anschluss hält, möchte sicher nicht mehr darauf verzichten. Deshalb beginnen Sie am besten gleich mit dem Training!

Das Gelände:

Oft ist ein Gelände, das dem Hund fremd ist, besser geeignet, weil viele Hunde automatisch eher beim Besitzer bleiben, wenn sie sich nicht auskennen. Gehört Ihr Hund aber nicht zu dieser Kategorie, beginnen Sie auf bekannten Wegen. Ideal ist es, wenn dort Büsche oder Bäume wachsen, hinter denen Sie sich verstecken können.

▶ Leinen Sie den Hund nun ab und gehen Sie los. Sobald er nur zwei, drei Meter voraus ist, kehren Sie auf dem Absatz um und gehen entschlossen in die andere Richtung. Denn ist er weiter von Ihnen weg, bemerkt ein nicht daran gewöhnter Hund zumindest anfangs nicht, dass Sie nicht mehr da sind.

▶ Zusätzlich können Sie Ihre Schritte so deutlich machen, zum Beispiel indem Sie fest auftreten, dass dies für den Hund zu hören ist.

▶ Schauen Sie, wenn überhaupt, nur unauffällig, ob der Vierbeiner Ihnen tatsächlich folgt.

G|U   Hunde Gassi-Box

…e gleich …d ein …gesetzte …n wie-… die

…ie nicht …gt, ma-…usch. …r.

weg sind, wird er den Weg hin und her laufen. Lassen Sie ihn ruhig etwas zappeln. Meistens findet der Vierbeiner seinen Mensch von

▶ Verstecken Sie sich nicht immer an denselben Stellen, sonst weiß Ihr Vierbeiner schon bald genau, wo Sie abgeblieben sind.

G|U   📖 Begleitbuch Seite 24

DAS STEHT AUF DER ÜBUNGSKARTE

»Gassi gehen« kann zu einem spannenden Abenteuer für Sie und Ihren Hund werden. Wie genau, das finden Sie auf jeder Karte beschrieben. Und so funktioniert es:

1 **Farbcode:** Die Übungskarten sind in fünf Kategorien unterteilt. Für jede Kategorie gibt es eine spezielle Farbe, mit der die Karten hinterlegt und zum schnellen Erkennen auch am oberen Kartenrand markiert sind:

Das stärkt die Bindung
Gehorsam muss sein
Beschäftigung tut gut
Hundebegegnungen meistern
Die verschiedenen Hundetypen

2 **Nummer und Name der Übung:** Sie stehen jeweils auf der Vorderseite der Karte.

3 **Anleitung:** Der Text auf der Vorder- sowie Rückseite der Karte erläutert Schritt für Schritt, worauf Sie beim einzelnen Thema besonders achten müssen und wie Sie eine Übung richtig aufbauen.

4 **Verweis aufs Begleitbuch:** Auf der jeweiligen Karte finden Sie unter der Überschrift »Das sollten Sie wissen« viele weitere Informationen zu den einzelnen Übungen und Beschäftigungsideen, nützliche Tipps und zusätzliche Trainingshinweise zu den einzelnen Übungen.

Gemeinsam entspannt unterwegs

Die gemeinsamen Spaziergänge sind oft eines der Hauptargumente für die Anschaffung eines Hundes. Wie der gemeinsame Ausflug für Zwei- und Vierbeiner den maximalen Spaßfaktor bekommt, zeigen Ihnen dieses Büchlein und die dazugehörigen Karten.

SPAZIERGÄNGE SIND GESUND

Wer mit dem Hund bei jedem Wetter draußen unterwegs ist, tut viel für seine Gesundheit und bringt Abwechslung in den Tag. Das Immunsystem wird gestärkt, Bewegung an der frischen Luft senkt den Stresspegel, schmiert die Gelenke, und man bekommt einen klaren Kopf. Selbst bei ausgesprochen schlechtem Wetter hat man mindestens nachher das gute Gefühl, draußen gewesen zu sein. Bewegung liebt und braucht auch der Vierbeiner. Nicht jeder in der gleichen Intensität, aber raus aus den vier Wänden und ab in die Natur mag jeder. Auch für den Bewegungsapparat des Hundes ist es wichtig, unterwegs zu sein. Muskulatur und Gelenke werden gestärkt, und für die Kondition ist Bewegung ebenfalls wichtig. Je nach Temperament wird überschüssige Energie abgebaut, und deshalb sind ausgiebige Spaziergänge auch ein wichtiger Faktor für die Ausgeglichenheit des Hundes.

Unterschiedliche Wahrnehmung

Mensch und Hund sind zwar zusammen in der Natur unterwegs, nehmen diese aber ganz unterschiedlich wahr. Wir genießen die Gegend, nehmen die Veränderungen der Jahreszeiten wahr und freuen uns im Frühjahr über die ersten Frühlingsblumen und wärmeren Temperaturen sowie das Vogelgezwitscher. Hunde dagegen nehmen ihre Umwelt zu einem großen Teil mit der Nase wahr und erkunden auf diese Weise, was sich so tut. Interessiert »lesen« sie die Nachrichten ihrer Artgenossen und wissen, ob hier der Erzfeind aus der übernächsten Straße unterwegs war oder der Spielkamerad aus der Nachbarschaft. Oder ein Fremder. Rüden freuen sich zum Frust ihrer Besitzer über »heiratswillige« Hündinnen, die unüberriechbare Liebesnachrichten am Wegrand hinterlassen.

Doch sie lesen nicht nur die Nachrichten, sondern treffen auch auf verschiedene Artgenossen. Und natürlich auch auf Menschen. Hunde riechen aber auch die Spuren des Rehs oder Hasen und erkennen, ob die Spur frisch oder schon älter ist. Sie hören das Rascheln einer Maus im Gebüsch oder des Eichhörnchens, wenn es gerade auf einen Baum flüchtet. Hunde merken sich auch sehr gut Stellen, an denen sie interessante Erlebnisse hatten. Meine Hündin kennt zum Beispiel eine Stelle, an der wir fast jedes Mal ein oder zwei Eichhörnchen sehen. Sobald wir in die Nähe der Stelle kommen, wird sie sehr aufmerksam und konzentriert in Richtung Eichhörnchen. Deshalb nutze ich diesen Bereich stets für Übungen wie ruhiges Sitzen oder Bei-Fuß-Gehen. Dafür gibt es dann sehr leckere Belohnungshäppchen! Wasserratten riechen einen potenziellen Badeplatz schon, bevor sie dort sind, oder haben auf bekannten Wegen bereits ihre Lieblingsbadestellen. Jagen dagegen ist nicht gut, auch möchte nicht jeder Mensch Kontakt zu Ihrem Hund haben, und nicht alle Artgenossen eignen sich zum Spielen. Badestellen sind nicht immer nutzbar, vielleicht sind Ihrem Vierbeiner fremde Menschen

KONTAKTE

► Wer mit dem Vierbeiner unterwegs ist, lernt leicht Menschen mit dem gleichen Hobby kennen. Vielleicht ergibt sich daraus die Gelegenheit zu einem kleinen Plausch oder eine Verabredung zum gemeinsamen Spaziergang.

► Spaß macht es, dabei auch die eine oder andere gemeinsame Trainings- oder Beschäftigungseinheit (→ Seite 14) einzuplanen, besonders dann, wenn die Vierbeiner ähnliche Vorlieben und Ausbildungsniveaus haben.

suspekt oder er findet nicht jeden Artgenossen prickelnd. Deshalb ist es wichtig, dass Sie Ihren Hund gut kennen und einschätzen können, um bei Bedarf schnell genug und richtig zu reagieren.

Viele Eindrücke sammeln

Besonders junge Hunde erleben auf Spaziergängen viele neue Eindrücke, lernen so ihre Umwelt kennen und können sich dadurch an verschiedene optische und akustische Reize gewöhnen. Ältere sind schon erfahren und lassen sich auch von Neuem nicht so schnell aus der Ruhe bringen. Allerdings gibt es Unterschiede. Viele Hunde sind sehr neugierig und möchten sich alles genau anschauen. Andere wiederum sind relativ desinteressiert. Dann gibt es noch die Vorsichtigen, denen Neues erst mal suspekt ist und die die Unterstützung ihres Menschen brauchen, um etwas näher zu erkunden.

Bindung festigen

Sofern auf gemeinsamen Spaziergängen nicht jeder nur seiner Wege geht, sondern Mensch und Hund sich auch miteinander beschäftigen, festigt sich dadurch die Bindung. Gezielte Beschäftigung, die Mensch und Hund Spaß macht, bringt Abwechslung in den Ausflug und lenkt gegebenenfalls überschüssige Energie des Vierbeiners in geordnete Bahnen.

Wie viel Bewegung ist gut?

Das Bewegungsbedürfnis ist unterschiedlich und hängt sowohl mit der Rasse als auch mit dem Alter und der

Gesundheit des Hundes zusammen. Wie oft und wie lange Sie mit ihm rausgehen, richtet sich auch nach Ihrem Alltag. Spaziergänge können variieren. Einmal am Tag sollte der Hund allerdings mindestens Gelegenheit haben, sich auszutoben. Für junge Hunde, deren Gelenke und Bänder noch nicht ausgereift sind, sind mehrere kurze Spaziergänge besser als ein langer. So wird der Youngster nicht überfordert. Längere einseitige Bewegungsabläufe schaden ihm. Für ältere Hunde gilt dasselbe, da ihr Organismus nicht mehr so belastbar ist oder sie etwa wegen Arthrose oder Herzproblemen gehandicapt sind. Massige oder sehr kurzbeinige Hunde und solche mit verkürztem Schädel sind meist nicht so bewegungsfreudig wie Vierbeiner mit normalem Körperbau. Temperamentsbündel lieben es oft, einfach zu rennen.

Täschchen für Gassi-Beutel

◀ Einfach zu befestigen

Das lästige Kramen nach Kottüten hat ein Ende – rasch und einfach lässt sich der Kottütenspender mit einem kleinen Karabiner zum Beispiel an der Gürtelschlaufe befestigen.

Leicht zu öffnen ▶

Haben Sie einen Vorrat an Tüten im Tütenspender verstaut, lässt dieser sich bei Bedarf einfach schnell durch einen Reißverschluss öffnen, und Sie können eine einzelne Tüte herausziehen.

SICHERHEIT VERMITTELN

Hunde sind Rudeltiere, die in ihrem Menschen einen Artgenossen im weiteren Sinn sehen, der für sie der wichtigste Bezugspartner ist. Für ein entspanntes Leben braucht Ihr Vierbeiner einen Teamchef, auf den er sich immer verlassen kann. Dazu gehört, dass Sie den Hund gut versorgen und immer berechenbar für ihn sind, also schlechte Stimmungen nicht an ihm auslassen. Sie stellen Regeln auf, die auch eingehalten werden. Außerdem gehört dazu besonders, dass Sie ihm das Gefühl geben, alles im Griff zu haben, vor allem unterwegs. Fehlt die Führung, etwa weil der Zweibeiner für seinen Hund nur ein Kumpel ist, hat das Auswirkungen auf das Verhalten des Vierbeiners. Der selbstbewusste Typ übernimmt dann unterwegs den Überblick und die Verantwortung für das »Rudel«. Der eher unsichere Typ fühlt sich ohne Führung dagegen überfordert, wenn er Situationen, die ihm suspekt sind, alleine meistern muss. Ein reines »Kumpelverhältnis« tut Ihrem Hund also so oder so nicht gut.

Sicherheit ausstrahlen

Die Frage ist nun, was muss man tun, um Sicherheit auszustrahlen? Am überzeugendsten wirkt es, wenn man sich möglichst unaufgeregt verhält. Dazu gehört eine ruhige Stimme, die aber verbindlich klingt. Der Tonfall lässt sich trotzdem variieren. Ist man laut und hektisch, wirkt man dagegen unsouverän. Wer seinen Hund »zutextet«, vermittelt ihm ebenfalls Unsicherheit. Neben der Stimme sagt auch unsere Körpersprache viel darüber aus, ob wir souverän sind oder nicht. Da sich der Hund sehr daran orientiert, ist es gut, bewusst darauf zu achten, »cool« zu wirken. So wirkt zielstrebiges Gehen, ohne den Hund für ihn erkennbar zu beachten und ohne groß etwas zu sagen, sehr souverän. Das sagt ihm, dass sein Mensch weiß, wo es langgeht, und er selbst lediglich Anschluss halten muss. Wer etwa immer wieder stehen bleibt, um auf seinen Hund zu warten, oder den vorauslaufenden Vierbeiner einzuholen versucht, wirkt auf diesen nicht so, als hätte er alles im Griff.

Richtig reagieren

Während des Spaziergangs gibt es verschiedenste Situationen, in denen es darauf ankommt, dass Sie die Entscheidungen treffen. Nehmen wir an, es kommt Ihnen ein frei laufender Hund entgegen, der sehr stürmisch ist und eindeutig viel zu groß und wild für Ihren Vierbeiner. Richtig wäre es nun, den eigenen Hund von dem fremden abzuschirmen, bis dessen Besitzer ihn zu sich holt. So merkt Ihr Vierbeiner, dass Sie auf ihn aufpassen. Wenn Sie aber nur daneben stehen und warten, obwohl Ihrem Hund das viel zu viel ist und er »unter die

Räder« kommt, fühlt er sich allein gelassen und überfordert. Er merkt, dass er sich nicht auf Sie verlassen kann. Ein anderes Beispiel: Ihrem Vierbeiner sind Fremde, die auf weiter Flur entgegenkommen, suspekt, und er verhält sich unsicher. Souverän verhalten Sie sich, wenn Sie ihn ruhig und bestimmt zu sich rufen, bevor er reagiert, ihn an Ihre Außenseite nehmen und entspannt an der Person vorbeigehen.

Sie signalisieren dem Hund auf diese Weise, dass alles in Ordnung und der Mensch nicht gefährlich ist. Sie haben die Situation geklärt. Tut man nichts, sieht der Vierbeiner sich der Lage ausgeliefert und genötigt, sie selbst zu klären. Das bedeutet, dass es leicht sein kann, dass er misstrauisch bellend auf den Menschen zuläuft, um diesen auf Abstand zu halten. Läuft man darauf hektisch zum Hund, ruft ihn aufgeregt oder gar schimpfend, zeigt man dem Vierbeiner, dass man selbst nicht wirklich einen Plan hat und überfordert ist. Das hat dann zur Folge, dass der Hund sein Verhalten, in diesem Fall also auf Fremde zuzulaufen und sie anzubellen, verstärkt.

Aber auch wenn der Hund nicht mag, wenn Sie andere Hunde streicheln oder fremde Menschen begrüßen, weil er »eifersüchtig« ist, zeigt das, dass ihm Führung fehlt. Denn Sie bestimmen, mit wem Sie wann Kontakt aufnehmen. Dafür ist nicht der Vierbeiner zuständig.

Benimmt sich Ihr Vierbeiner gegenüber Artgenossen nicht »angemessen«? Dann ist es ebenfalls Sache des Teamchefs, diese Angelegenheit zu regeln. So gibt es beispielsweise Rüden, die auf jede Hündin aufreiten. Es ist in diesem Fall an Ihnen, Ihren Hund von der Hündin zu »pflücken«, anstatt ihn einfach machen zu lassen. Außer die Hündin regelt das selbstsicher allein. Aber vor allem jüngere Hündinnen verhalten sich in dieser Situation jedoch oft noch nicht routiniert.

Möchte der Vierbeiner jeden Artgenossen, den er trifft, erst mal »unterbuttern«? Hier ist es ebenfalls an Ihnen, die Sache zu regeln. Weder sind fremde Artgenossen ein »Rudel«, in dem eine Rangordnung festgelegt werden müsste, noch müssen Hunde grundsätzlich alles unter sich ausmachen. Eine Verbesserung der Teamchefqualitäten ist deshalb angesagt, sodass Ihr Vierbeiner gar keinen Anlass sieht, den großen »Macker« herauszuhängen zu lassen.

KOMMUNIKATION

Hunde kommunizieren zu einem großen Teil über die Körpersprache. Immer bilden verschiedene Elemente wie Mimik, Schwanz- und Körperhaltung zusammen eine Botschaft.

Aufmerksam

Beobachtet der Hund etwas interessiert, ist seine Körperhaltung angespannt, Blick und Ohren gehen in eine bestimmte Richtung. Der Schwanz ist, je nach Anspannung, mehr oder weniger weit oben. Manchmal wird ein Vorderbein angehoben.

Ängstlich

Ein ängstlicher Hund zeigt das durch eine geduckte Körperhaltung – er macht sich klein. Der Schwanz ist unten oder wird zwischen die Hinterbeine geklemmt. Die Ohren werden angelegt, und der Hund vermeidet direkten Blickkontakt.

Sich wohlfühlen

Liegt ein Vierbeiner entspannt auf dem Rücken, zeigt das, dass er total »gechillt« ist und sich rundum wohl und sicher fühlt. Dazu gehört das Wälzen im Gras, aber auch in Rückenlage mit einem Spielzeug spielen oder schlafen.

Entspannt

Ein entspannter Vierbeiner hält die Ohren und den Schwanz neutral. Sein Blick ist nicht auf etwas Bestimmtes gerichtet. Der Hund kann sowohl entspannt stehen als auch sitzen oder liegen. Er sitzt oder liegt meist auf einer Seite. Im Liegen ist zudem nicht selten eine Vorderpfote »eingerollt«.

Erwartungsvoll

Konzentriert sich der Hund auf seinen Menschen, sind Augen und Ohren erwartungsvoll auf diesen gerichtet. Seine Mimik ist freundlich-interessiert. Die Körperhaltung ist aufmerksam, aber nicht angespannt, der Schwanz neutral oder waagerecht. Mancher Vierbeiner wedelt aber auch mit dem Schwanz.

Freudig

Kommt der Vierbeiner freudig, weil er gerufen wurde oder jemanden begrüßen möchte, schaut er freundlich – er blinzelt ein wenig und legt die Ohren zurück. Er kommt zwar rasch, aber nicht angespannt, sondern bewegt sich »locker«. Der Schwanz ist neutral, nur leicht erhoben oder wedelt.

MAXIMALER SPASS

Die meisten Hundebesitzer sind mit dem Vierbeiner oft in Gebieten unterwegs, wo es zu allerhand Begegnungen mit Erholungsuchenden unterschiedlichster Art kommt. Aber selbst abseits im Wald und auf dem Feld ist man nicht allein. Hier ist der Lebensraum für Wildtiere. All das birgt einiges an Konfliktpotenzial. Doch mit der nötigen Aufmerksamkeit und etwas »Rüstzeug« wird der Spaziergang trotzdem ein Genuss.

Gute Bindung

Orientiert Ihr Hund sich gut an Ihnen und hält auch bei Ablenkung von selbst Anschluss an Sie, ist das schon mehr als die halbe Miete. Sollte hier Nachholbedarf sein, wird die Bindung zunächst ohne Ablenkung gefestigt.

Zuverlässiger Grundgehorsam

Hört der Hund zuverlässig, ist das neben der Bindung die zweite wichtige Voraussetzung für einen stressfreien Ausflug. Der Gehorsam hilft einerseits, Probleme mit Mitmenschen, jagen oder bei Begegnungen mit Artgenossen zu vermeiden. Andererseits kann er unfallträchtige Situationen verhindern und so sogar eine Lebensversicherung für den Hund sein. Zum Grundgehorsam gehören unter anderem ein zuverlässiger Rückruf und das Sitzen unter Ablenkung – sowohl an Ihrer Seite als auch in der Entfernung. Auch die Leinenführigkeit gehört zum Grundprogramm.

Ohne Fleiß kein Preis

Egal, ob es darum geht, dass der Vierbeiner Anschluss hält, oder um den Gehorsam – von nichts kommt nichts. Es ist also wichtig, sich über Monate regelmäßig Zeit zu nehmen, diese

Dinge zu üben und auch zu erhalten. Zuerst nur im häuslichen Bereich ohne Ablenkung und Schritt für Schritt. Danach wird gezielt draußen trainiert. Erst wenn der Hund Routine hat, setzt man das Gelernte im Alltag ein. Wie viel Zeitaufwand nötig ist, kommt auch darauf an, welcher Typ Ihr Hund ist. Ein neugieriges, lauffreudiges Temperamentsbündel stellt hier höhere Ansprüche als der gemütliche, ruhigere Vierbeiner. Beim eher eigenwilligen Typ braucht es mehr Engagement seitens des Besitzers als bei einem führigen Hund, der von sich aus gern die Zusammenarbeit mit seinem Menschen sucht.

Die Leine

Ein weiterer Garant für maximalen Spaß ist die Leine. Doch bei nicht wenigen Hundehaltern scheint es verpönt zu sein, den Vierbeiner anzuleinen – man will ihn nicht einschränken. Manche haben nicht mal eine Leine dabei. Doch wo ist beim Anleinen das Problem? Ist man sich in einer Situation nicht sicher, ob der Vierbeiner hört, ist es besser, ihn anzuleinen, anstatt erfolglos auf ihn einzureden, doch bitte hierzubleiben. Dem Hund schadet es in keiner Weise, an der Leine zu laufen. Es erspart aber auf simple Art so manchen Konflikt.

GLEICHER UMGANG

► Wenn nicht nur Sie mit dem Hund spazieren gehen, sondern auch andere Familienmitglieder, dann ist es wichtig, dass alle dieselben Kommandos verwenden und jeder es gleich genau nimmt. Nur dann kann der Vierbeiner zuverlässig darauf hören.

► Lassen Sie Kinder nicht ohne einen Erwachsenen mit dem Hund spazieren gehen. Denn leicht kann es auch zu kritischen Situationen kommen, mit denen Kinder dann völlig überfordert sind.

Spaziergang mit Struktur

Keine Frage – beim Spaziergang einfach nur die Seele baumeln zu lassen, ist absolut erholsam. Doch Hunde brauchen nicht nur Bewegung, sondern möchten auch ein wenig Programm mit Köpfchen. Bauen Sie deshalb unbedingt hin und wieder ein paar Beschäftigungseinheiten ein. Je nach den Vorlieben Ihres Vierbeiners können das Geschicklichkeitsübungen, aber auch Suchübungen sein. Bringt der Hund sein Spielzeug gern, lässt sich damit eine Vielzahl an Übungen kreieren. Auch die eine oder andere Trainingseinheit in Sachen Gehorsam lässt sich gut in den Spaziergang integrieren und festigt das erwünschte Verhalten.

Hund und Wasser

Hunde, zu deren Aufgaben es gehört, aus dem Wasser zu apportieren – wie es beispielsweise bei den Retrieverrassen der Fall ist –, liegt die Wasserfreude meist im Blut. Wer nicht für die Wasserarbeit gezüchtet wurde, hat jedoch individuell unterschiedlich mehr oder weniger Freude am Baden. Geht der Zweibeiner bei sommerlichem Wetter und flachem Einstieg ins Wasser, folgt so mancher Hund seinem Menschen ins kühle Nass. Auch ein wasserbegeisterter Artgenosse kann

Vorbild sein. Eine andere Möglichkeit ist es, das (schwimmfähige!) Lieblingsspielzeug ein Stück ins Wasser zu werfen. Lässt sich der wasserscheue Vierbeiner aber partout nicht zum Baden überreden, sollte man das akzeptieren.

ALTERNATIVEN ZUM SPAZIERGANG

Neben normalen Spaziergängen gibt es auch noch andere Möglichkeiten, sich mit dem Hund zu bewegen. Wer gerne joggt, kann dabei von seinem Vierbeiner begleitet werden. Auch am Fahrrad laufen viele Hunde gern mit. Das tut nicht nur der Kondition des Menschen, sondern auch der des Hundes gut. Doch damit der Hund nicht überfordert wird, gibt es ein paar wichtige Punkte zu beachten.

Für welche Hunde geeignet?

Ob Joggen oder Laufen am Rad für einen Vierbeiner das Passende ist, hängt von mehreren Aspekten ab. Zum einen vom Körperbau, zum anderen von der Dauer und dem Tempo. Lauffreudige Hunde mit normalem oder athletischem Körperbau sind grundsätzlich geeignet. Für massige oder übergewichtige Hunde sowie für sehr kurzbeinige ist beides nicht das Richtige. Wer eine halbe Stunde gemächlich dahintrabt oder langsam eine kleine Runde radelt, kann seinen Vierbeiner eher mitnehmen als jemand, der für einen Marathon trainiert oder eine mehrstündige Radtour macht. Die richtige Dosis macht es. Die lässt sich beim Radeln etwa dadurch einhalten, dass der Vierbeiner auf weiteren Touren abwechselnd läuft und im Fahrradanhänger bzw. -korb sitzt.

Gesundheitliche Voraussetzungen

Voll belastbar ist der Hund, sobald er ausgewachsen ist, also frühestens mit einem Jahr. Wer auf Nummer sicher gehen will, lässt den Vierbeiner vom Tierarzt auf seine sportliche Eignung untersuchen. So zeigen Röntgenaufnahmen zum Beispiel, ob

Hüft- und Ellenbogengelenke in Ordnung sind. Es gibt einige Erkrankungen, die der Hund zwar haben kann, ohne dass er Beschwerden hat, die aber eine höhere Belastung ausschließen. Ist der Hund schon älter, aber topfit, kann er Sie immer noch begleiten. Allerdings seinem Alter angemessen – nicht mehr so lang, nicht zu oft und langsamer. Bei altersbedingten Einschränkungen wie Arthrose und Ähnlichem sind normale Spaziergänge für den Hund jedoch besser.

Das richtige Tempo

Wenn der Hund locker mittrabt, ist das Tempo richtig. Muss er galoppieren, um Anschluss zu halten, sind Sie zu schnell. Wenn ich mit meiner Hündin radle, rennt sie oft ein Stück voraus. Das ist dann kein Problem, denn sie wählt dieses Tempo selbst. Muss der Vierbeiner kurz mal Gas geben, weil er geschnüffelt hat, ist das natürlich auch kein Problem.

Der Untergrund

Für die Gelenke des Hundes ist es sehr wichtig, dass er beim Joggen oder am Rad zum größten Teil auf weichem Untergrund und nicht auf Asphalt läuft. Lässt sich ein Stück Weg auf Asphalt nicht vermeiden, joggen oder fahren Sie dort langsam.

Die Witterung

Verlegen Sie sportliche Aktivitäten bei Hitze in die kühleren Morgen- oder auch

Abendstunden. Passen Sie Tempo und Dauer an. Im Zweifel joggen Sie lieber allein und lassen den Vierbeiner zu Hause. Oder lassen Sie das Fahrrad stehen und drehen mit Hund eine kleine, schattige Runde zu Fuß.

An Joggen und Fahrrad gewöhnen

Auch wenn der Hund ausgewachsen ist und das »sportliche Alter« erreicht hat, geht es nicht sofort in die Vollen. Beginnen Sie mit kurzen Strecken in langsamem Tempo und steigern Sie die Anforderungen nach und nach. Achten Sie darauf, wie der Hund sich verhält. Er soll nach dem Ausflug nicht total ausgepowert sein. Beim Laufen am Rad muss der Hund sich zuerst an das Fahrrad gewöhnen. Damit können Sie beim Hund schon in einem Alter von unter einem Jahr beginnen. Schieben Sie das Rad zum Beispiel und lassen Sie den Hund nebenhergehen. Erst wenn er das Rad akzeptiert, wird gefahren. Denn sonst ist das für Sie zu gefährlich. Falls Sie hin und wieder ein Stück dort fahren müssen, wo Verkehr ist, gewöhnen Sie den Hund daran, angeleint am Rad stets rechts zu laufen. So ist er auf der vom Verkehr abgewandten Seite. Auf geeigneten Wegen darf er frei laufen. Das höhere Tempo beim Joggen und Radfahren hat neben dem sportlichen noch einen anderen Aspekt – es ist ein gutes Training für den Hund, unterwegs darauf zu achten, Sie nicht aus den Augen zu verlieren! Wichtig: Läuft der Hund am Rad mit, halten Sie die Leine locker in der Hand. Wickeln Sie diese nicht ums Handgelenk oder um den Lenker. Da besteht Verletzungsgefahr!

SICHERHEIT FÜR UNTERWEGS

Zu guter Letzt muss der Aspekt Sicherheit beim Spaziergang mit dem Hund angesprochen werden. Unterwegs kann es zu allerlei kritischen Situationen kommen, oder der Hund kann auch weglaufen. Grundsätzlich gilt vorbeugend, ihn im Zweifel rechtzeitig anzuleinen!

Den Hund registrieren lassen

Auch wenn Ihr Hund noch so gut hört, sollten Sie dafür sorgen, dass er zu identifizieren ist, falls er verloren gehen sollte. Das Beste ist, ihn vom Tierarzt chippen zu lassen und ihn mit dieser Nummer bei einem Haustierregister anzumelden. So kann im Falle eines Falles von jedem Tierarzt oder Tierheim rasch festgestellt werden, wem der Hund gehört. Eine weniger sichere Alternative sind Adresskapseln für das Halsband.

In der Dunkelheit unterwegs

Wenn die Tage im Herbst kürzer werden, ist es oft noch oder schon dunkel, wenn man mit dem Hund hinausgeht. Damit Sie, aber auch andere ihn sehen können, bietet sich ein Leuchthalsband an. Das trägt der Vierbeiner zusammen mit dem normalen Halsband.

Gefahren unterwegs erkennen

Was Ihrem Hund eventuell gefährlich werden könnte, hängt ein wenig auch davon ab, was ihn interessiert, wie groß sein Radius ist und wo Sie unterwegs sind. In frequentierten Naherholungsgebieten liegt leider oft reichlich Müll herum, vor allem auch Flaschenscherben. Tritt der Hund in Glasscherben, kann er sich erheblich verletzen. Ist Ihr Hund eine Wasserratte, lauern auch hier Gefahren. So kann der Bach oder Fluss, der gewöhnlich sanft dahinplätschert, nach starkem Regen Hochwasser führen. Hunde erkennen das nicht wirklich. Meiden Sie Wege an diesem Gewässer oder rufen Sie den Hund rechtzeitig (!) zu sich. Bei fremden Gewässern vergewissern Sie sich, ob der Ein- und Ausstieg für Ihren Hund ungefährlich ist, bevor er ins Wasser darf. Besondere Vorsicht sollten Sie in den Bergen walten lassen. Man kann sich nicht darauf verlassen, dass der Hund rechtzeitig bremst, wenn plötzlich ein Abhang kommt. Hunde erkennen außerdem auch Autos und andere Verkehrsmittel nicht als Gefahr.

Wasser nicht vergessen

Auf längeren Spaziergängen, Jogging- oder Fahrradstrecken braucht der Hund zwischendurch Wasser. Liegt kein Gewässer auf dem Weg, müssen Sie Wasser mitnehmen. Es gibt im Fachhandel verschiedene praktische Hundetrinkflaschen unterschiedlicher Füllmengen, die sogar schon mit einem Napf kombiniert sind.

BRAUCHEN HUNDE KLEIDUNG?

▶ Es gibt eine Vielzahl von Mäntelchen für Vierbeiner zu kaufen. Doch gesunde Hunde brauchen bis auf »Sonderfälle« keinen Mantel. Ihr Fell klimatisiert sie ja. Sinnvoll ist ein Mantel bei Kälte und Regen für Hunde, die mangels Unterwolle bis auf die Haut nass werden. Oder für Kleinhunde, die im Winter frieren.

▶ Badet Ihr Hund bei Kälte, braucht er keinen Mantel, wenn er danach in Bewegung bleibt. Hunden, die bei Kälte Probleme mit Arthrose oder Ähnlichem haben, tut ein Mantel gut.

Das sollten Sie wissen

Auch wenn Spaziergänge mit dem Hund auf den ersten Blick nichts besonders »Schwieriges« sind, stellt sich doch unterwegs oft die eine oder andere Frage. Wer darauf die passenden Antworten hat, kann den gemeinsamen Spaziergang rundum genießen und Spaß mit dem Vierbeiner haben.

MIT DEN KARTEN ÜBEN

Bilden Mensch und Hund ein gutes Team, in welchem sich der Vierbeiner gut an seinem Menschen orientiert, kann ein Hund unterwegs mehr Freiheit genießen als einer, der macht, was er will. Damit Sie und Ihr Hund ein solch starkes Team werden, finden Sie auf den Karten die unterschiedlichsten Themen, die Sie dabei unterstützen.

Eine Fülle von Informationen

Die Karten beinhalten sowohl praktische Übungen, etwa wie Sie dem Hund das Sitzen auf Entfernung beibringen, als auch Infos zu bestimmten Themen, beispielsweise zur Wirkung Ihrer Körpersprache auf Ihren Vierbeiner. Außerdem finden Sie Beschäftigungsideen für unterwegs und vieles mehr. Das Grundprogramm an Übungen, die der Hund beherrschen sollte, um in geeigneten Gebieten ohne Leine laufen zu können, fordert Zeit und entsprechendes Training. Wer es mit dem Training genau nimmt und dazu auch die Bindungs-übungen immer wieder systematisch in den Spaziergang einbaut, wird bald merken, dass sich die Mühe rundum lohnt. Und es macht ja auch Spaß, mit dem Hund zu üben. Holen Sie die jeweilige Karte am besten vor dem Üben aus der Box und lesen Sie sie durch. So übersehen Sie auch keine wichtigen Feinheiten. Andernfalls schleichen sich leicht vermeintlich kleine Fehler ein, die aber oft eine große Wirkung in die falsche Richtung haben. Das Begleitbuch stellt Ihnen die Karten auf den folgenden Seiten einzeln vor und versorgt Sie mit Hintergrundinfos und besonderen Tipps zu den jeweiligen Themen. Die Nummern, die Sie dort finden, stimmen mit den Nummern der Karten in der Box überein. Das macht es leicht, die passende Karte dazu auszuwählen.

1 | Bindungsspaziergang

Bald beginnen: Sinn dieser Spaziergänge ist es, den Hund zu animieren, von sich aus Anschluss an Sie zu halten. Idealerweise beginnt man damit im Welpenalter, es lohnt sich aber auch später noch. Sie können reine Bindungsspaziergänge machen, aber auch seine Elemente in den normalen Spaziergang einbauen. Bei reinen Bindungsspaziergängen geht es nur darum, häufig die Richtung zu ändern oder sich zu verstecken.
Die Belohnung: Ihr Vierbeiner möchte in Ihrer Nähe sein. Verliert er Sie, weil er nicht aufgepasst hat, wohin Sie gehen, ist das ein unangenehmes Gefühl für ihn. Dieses Gefühl ist weg, sobald er Sie wieder gefunden hat. Und das ist auch dann seine Belohnung. Gehen Sie also einfach souverän weiter.

2 | Bindungsspaziergang

Flexibel bleiben: Auch wenn Sie sich eine ganz bestimmte Runde vorgenommen haben – »kleben« Sie nicht kompromisslos daran. Ist der Vierbeiner nämlich nicht genug auf Sie fixiert, bauen Sie verstärkt Richtungswechsel usw. in den Spaziergang ein. Dadurch ändert sich die Strecke.
Bindung ohne Ablenkung festigen: Üben Sie so lange ohne Ablenkung, bis der Hund stets sehr zeitnah reagiert, wenn Sie die Richtung wechseln und Sie kaum mehr dazu kommen, sich unbemerkt zu verstecken. Erst dann wird der Hund auch bei ein wenig und allmählich mehr Ablenkung auf Sie achten.
Nützlich: Einen sehr eigenständigen Vierbeiner können Sie, wenn er eine Zeit lang gut Anschluss gehalten hat, zusätzlich noch mit leckeren Häppchen belohnen.

3 | Die richtige Körpersprache

Sich verständlich machen: Eine gute Körpersprache mit wenig Spracheinsatz ist eine gute Kombination, um sicher und souverän zu wirken. Manchmal kann man sich die Stimme sogar ganz sparen, es ist dann sogar von Vorteil, »stumm« zu sein. Bewegen Sie sich vom Hund weg, animiert ihn das, Ihnen zu folgen. Je entschlossener der Schritt ist und je zügiger Sie unterwegs sind, umso besser ist Ihre Wirkung. Wie viel Engagement nötig ist, um überzeugend zu sein, hängt auch von der Persönlichkeit des Vierbeiners ab.

Immer zusammenbleiben: Wenn Sie in solchen Situationen zu zweit unterwegs sind, bleiben Sie immer ganz dicht beisammen. Nur wenn Sie eine »Einheit« bilden, ist die Wirkung auf den Hund so, wie sie sein soll.

4 | Die richtige Körpersprache

Gezielt einsetzen: Wenn Sie sich entschlossen und mit ernster Mimik auf den Hund zubewegen, hemmt ihn das. Er bleibt stehen oder geht zurück. Sie schränken so seinen Raum ein und können unerwünschtes Verhalten unterbrechen. Auf der anderen Seite wirken Sie einladend, wenn Sie sich, vor allem bei kleinen Hunden oder Welpen, klein machen oder sich rückwärts vom Hund wegbewegen. Sprechen Sie dabei zu Ihrem Vierbeiner, muss Ihr Tonfall zur Körpersprache passen.

Vorsicht, Falle: Überlegen Sie immer genau, was Sie Ihrem Hund mit Ihrer Körpersprache signalisieren. Angenommen, Sie rufen ihn, und er kommt nur langsam oder verspätet. Sie finden das nicht gut und gehen ärgerlich auf ihn zu. Dann wird er künftig noch weniger rasch kommen.

5 | Streicheln als Lob

Genießen: Wenn der Vierbeiner mit Streicheleinheiten belohnt wird, müssen diese auch als etwas Angenehmes bei ihm ankommen. Am besten ist ruhiges Streicheln oder Kraulen. Im Überschwang neigt man oft dazu, den Hund zu tätscheln, auch von oben auf den Kopf, oder ihm durchs Gesicht zu »wuscheln«. Das kommt nicht gut bei ihm an.

Dosieren: Eine Belohnung wirkt nur dann als solche, wenn sie nicht dauernd verfügbar ist. Das ist dann der Fall, wenn der Hund nicht ständig »betüddelt« wird. So bleiben Streicheleinheiten etwas Besonderes. Ist der Vierbeiner keine geborene Schmusebacke, können ihm Streicheleinheiten sogar lästig werden. Qualität vor Quantität ist also auch bei Streicheleinheiten ein gutes Motto.

6 | Körperkontakt entspannt

Körperkontakt: Viele Hunde lieben engen Körperkontakt. Wer unterwegs im Grünen mal ein Päuschen einlegt, kann zusammen entspannen. Ruhiges, gleichmäßiges Streicheln fördert die innere Ruhe. Nicht nur beim Hund, sondern auch bei Frauchen und Herrchen!

Entspannung und Belohnung: Beides geht manchmal ineinander über. Entspannende Streicheleinheiten zum Beispiel im Sitzen oder im Platz fördern die Ruhe, die bei diesen Übungen nötig ist, und belohnen den Vierbeiner zugleich. Aber Achtung – kein vermeintlich beruhigendes Streicheln bei unerwünschtem Verhalten, etwa wenn der Hund an der Leine einen Mensch oder Artgenossen anbellt! Denn so würden Sie dieses Verhalten letztlich ungewollt belohnen.

7 | Das Stopp-Signal lernen

Schritt für Schritt: Diese Übung braucht seine Zeit. Aber wer sie investiert und Schritt für Schritt mit dem Hund übt, bringt ihm ein sehr nützliches Verhalten bei. Der Hund sollte das normale »Sitz« bereits beherrschen. Beim Stopp-Pfiff kommt es darauf an, dass der Hund sich sofort an Ort und Stelle setzt. Idealerweise dreht er sich dabei zu Ihnen. Er soll nicht auf Sie zukommen. Belohnt wird er immer dort, wo er sitzt.

Pfiff oder Wort: Wer einen Hund hat, der auch mal weiter vorausläuft, oder wer selbst keine Stimme hat, die in der Entfernung noch verbindlich klingt und gut zu hören ist, ist mit einer Hundepfeife gut beraten. Ein langer Pfiff ist dann das beste Signal. Wer gut bei Stimme ist und wessen Hund nicht weit voraus ist, kann auch das Kommando »Sitz« verwenden.

8 | Das Stopp-Signal in der Praxis

Sicherheit: Bewundernde Blicke sind Ihnen gewiss, wenn Ihr Hund auf Pfiff sich sofort hinsetzt und Jogger oder Radfahrer problemlos vorbeilässt. Ein funktionierendes Stopp-Signal hilft gefährliche Situationen zu vermeiden. Denn kommen Ihnen Radfahrer oder Jogger entgegen, ist es häufig wesentlich sinnvoller, wenn der Hund an Ort und Stelle bleibt, anstatt noch zu Ihnen zu laufen. So gibt es keine Kollisionsgefahr. Aber auch wenn der Vierbeiner auf eine Straße zuläuft oder gerade einem Eichhörnchen hinterherjagen will, hilft das Stopp-Signal ungemein.

Immer belohnen: Es ist eine tolle Leistung, wenn Ihr Hund sich stoppen lässt. Deshalb sollten Sie ihn auch jedes Mal dafür ausgiebig belohnen.

9 | Den Rückruf festigen

Ein bestimmtes Wort: Für den Rückruf brauchen Sie ein Wort, das nur für dieses Kommando verwendet wird. Deshalb ist »Komm« weniger geeignet. Gut ist zum Beispiel »Hier«. Haben Sie bisher ein Rückrufsignal, auf das der Hund nicht immer und nicht so gut hört, festigen Sie es entweder nochmals oder verwenden ein ganz neues. Solange der Hund nicht zuverlässig hört, rufen Sie ihn nur mit interessanter Stimme.

Aufmerksamkeit: Ideal für das Lernen ist es, wenn der Hund seine Aufmerksamkeit schon auf Sie richtet, bevor Sie ihn rufen. Das erreicht man dadurch, dass eine weitere Person den Hund festhält, während Sie mit Häppchen weggehen.

10 | Der Rückruf in der Praxis

Perfekte Kombination: Orientiert der Hund sich von selbst gut an Ihnen und hört zuverlässig auf Ihren Rückruf, ist das die ideale Kombination. Denn so bleibt der Hund immer in Ihrer Nähe, und Sie können ihn gut zu sich rufen. Je weiter der Vierbeiner jedoch von Ihnen entfernt ist und je weniger er auf Sie achtet, umso geringer ist Ihr Einfluss, wenn er etwas Interessantes gesehen hat. Außerdem klingt der verbale Rückruf auf größere Entfernungen nur noch »dünn«.

Option Hundepfeife: Auch für den Rückruf ist zusätzlich zum Wort ein Pfiff (zwei kurze Pfiffe nacheinander) mit der Hundepfeife sinnvoll. Beherrscht der Hund das verbale Signal zuverlässig, kommt der Pfiff dazu. Pfeifen Sie eine Zeit lang unmittelbar vor dem Ruf. Danach hört der Vierbeiner sowohl auf den Ruf als auch auf den Pfiff. Der gesamte Ablauf bleibt, egal ob Pfiff oder Wort, immer derselbe.

11 | Anleinen

Keine Hektik: Hampelt Ihr Hund voller Ungeduld herum, wenn Sie ihn anleinen wollen, oder lässt er sich unterwegs nicht »fangen«, wenn er merkt, dass er an die Leine soll? Das nervt und bedeutet Stress für Sie und den Vierbeiner. Also weg mit dem Stress. Das geht einfach, indem Sie sich Zeit nehmen, um das Anleinen zu üben. Am besten geht das, während der Hund sitzt. Das Sitzen sollte der Vierbeiner also bereits beherrschen. Bleiben Sie dabei selbst ruhig. Wer hektisch nach dem Halsband greift, macht auch den Hund nervös.

Gewöhnung: Ist der Hund das ruhige Anleinen gewöhnt, wird er sich auch bei einer Ablenkung ohne Umstände anleinen lassen. Denken Sie daran, dann auch selbst ruhig zu bleiben. So klappt es mit der Leine ohne Probleme.

12 | Ableinen

Kein Freibrief: Das Klicken des Karabiners sollte kein Freibrief für sofortiges Losstürmen sein. Deshalb ist es gut, auch für das Ableinen einen bestimmten Ablauf zu trainieren. Der Vierbeiner soll ja gewohnt sein, auch ohne Leine bei Ihnen zu bleiben. Kurz nach dem Ableinen kann es zum Beispiel vorkommen, dass plötzlich sein »Erzfeind« in Sichtweite auftaucht oder sich ein Reiter nähert. Dann darf der Hund nicht sofort losspurten. Außerdem lernt er durch ein festes Ritual beim Ableinen auch, sich an Ihnen zu orientieren.

Nicht vergessen: Die Zuverlässigkeit einer Übung steht und fällt neben dem richtigen Trainingsaufbau damit, wie genau Sie es mit der Umsetzung nehmen. Deshalb sollte der Hund immer in der gleichen Art und Weise abgeleint werden.

13 | Sitzen unter Ablenkung

Rücksicht und Vorsicht: Während des Spaziergangs ist es auch ein Thema, dass der Hund mal länger ruhig bei Ihnen sitzen oder liegen bleibt. Zum Beispiel, wenn Sie sich mit jemandem unterhalten möchten. Sitzt oder liegt der Hund neben Ihnen, wenn etwa ein Mensch mit einer Gehbehinderung vorbeigeht, kann dieser das unbehelligt tun. In beiden Fällen ist der Vierbeiner dadurch nicht unbeaufsichtigt unterwegs, und es kann zu keiner kritischen Situation kommen. Aber auch für den Hund bringt diese Übung Sicherheit – etwa dann, wenn ein Traktor an Ihnen vorbeifährt.

Regelmäßig üben: Damit der Vierbeiner stets gelassen bleibt, sollten Sie das Sitz und Platz unter Ablenkung immer wieder üben und den Grad der Ablenkung allmählich erhöhen.

14 | Freigabesignal

Nützlich: Lassen Sie den Hund beispielsweise neben sich sitzen, weil ein Radfahrer vorbeifährt, soll er ja so lange sitzen bleiben, bis es keine »Kollisionsgefahr« mehr mit dem Radler gibt. Das kann der Vierbeiner aber nur dann richtig machen, wenn er gelernt hat, dass stets nur Sie eine Übung beenden. Entweder durch eine andere Übung oder durch das Freigabesignal. Letzteres kommt immer dann, wenn sich keine andere Übung anschließt und der Hund aus dem Beispiel wieder frei laufen darf, sobald der Radfahrer weit genug weg ist.

Nicht vergessen: Das Wichtigste am Freigabesignal ist, es nie zu vergessen. Das passiert jedoch oft. Dann können Übungen nicht zuverlässig funktionieren, weil dem Hund die Orientierung fehlt, wann er was wie lange tun soll.

15 | Leinenführigkeit

Zweck: Die Leinenführigkeit gehört zu den wichtigsten Basics. Der Hund läuft an lockerer Leine und bleibt auch an lockerer Leine, wenn er angeleinten Artgenossen begegnet oder anderweitig abgelenkt wird. Anders als beim Bei-Fuß-Gehen muss er nicht dicht am Bein des Menschen bleiben, sondern nur in dem Radius, den ihm die lockere Leine vorgibt. Das kann einfach zu üben sein, wenn Sie einen eher ruhigeren Typ haben. Mehr Training und Konsequenz erfordert ein lebhafter Vierbeiner mit Vorwärtsdrang.
Wichtig: Lassen Sie sich nirgends hinziehen. Auch nicht einen Schritt. So würde der Hund lernen, dass Zerren etwas bringt. Das wäre kontraproduktiv. Gibt es Zeiten, in denen es Ihnen zu anstrengend ist, auf die lockere Leine zu achten? Dann führen Sie den Hund am Geschirr und üben die Leinenführigkeit nur mit Halsband.

16 | Sich anpassen

Sich anpassen: Ist Ihnen unterwegs mal nach einem Päuschen auf einer Bank zumute, ist es praktisch, wenn der Hund sich der Situation von selbst anpasst und ebenfalls entspannt. Er kann dann abschalten und es sich gemütlich machen.
Zu Hause beginnen: Lernen muss der Hund das zu Hause. Wenn Sie beim Essen am Tisch sitzen oder in Ruhe lesen wollen, leinen Sie den Hund an und binden ihn etwa am Tischbein fest. Mangels Alternativen wird er über kurz oder lang ebenfalls im »Chillmodus« sein. Vorher sollte er sich aber ein wenig auspowern können, dann fällt ihm das Nichtstun leicht.

17 | Ausweichen

Rücksicht und Sicherheit: Ob ein Reiter, ängstlicher Mensch oder ein leinenaggressiver Hund des Weges kommt – Ausweichen ist immer dann eine gute Wahl, wenn eine kritische Situation entstehen könnte oder man Rücksicht auf andere nehmen möchte. Auch dann, wenn dem Vierbeiner etwas suspekt ist, es aber nicht möglich ist, ihn an die Ursache für seine Unsicherheit heranzuführen.

Immer angeleint: Da man letztlich nie hundertprozentig sagen kann, wie der Vierbeiner sich bei Begegnungen der genannten Art verhält, ist man letztlich auf der sicheren Seite, wenn der Hund rechtzeitig angeleint wird. So ist man selbst auch entspannter, weil man sich nicht darauf konzentrieren muss, dass oder ob der Hund an der Seite bleibt.

18 | Aus dem Auto steigen

Auswärts unterwegs: Kaum jemand geht immer nur vor der Haustüre spazieren. Oft fährt man mit dem Auto samt Hund in entferntere Gegenden. Dort angekommen, heißt es meist: Autotür auf, und schon ist der Hund unterwegs. Doch nicht immer parkt man dort, wo weit und breit nichts und niemand ist. Deshalb ist es wichtig, den Hund nur auf Erlaubnis aussteigen und ihn anschließend noch sitzen zu lassen.

Immer gleicher Ablauf: Der Hund kann nicht verstehen oder unterscheiden, ob ein Parkplatz »einsam« ist oder nicht. Daher ist es nötig, den Hund immer kontrolliert aussteigen zu lassen. Durch den stets gleichen Ablauf des Aussteigens aus dem Auto machen Sie es dem Hund leicht, die Übung zu lernen. Dann klappt das richtige Aussteigen bald automatisch.

19 | Apportieren mit System

Für viele Hunde geeignet: Manche Vierbeiner bringen von sich aus gern ihren Ball oder Ähnliches. Vielen macht das Bringen dann großen Spaß, wenn sie eine tolle Belohnung bekommen. Apportieren heißt aber nicht, dass der Hund dem fliegenden Ball sofort nachjagen kann, sondern er den Ball oder das Futterdummy erst auf Ihre Erlaubnis hin bringen darf. Spaß hat der Vierbeiner trotzdem. So fördert man unter anderem die Selbstbeherrschung des Hundes bei sich schnell bewegenden Objekten. Das kann unterwegs sehr nützlich sein. Bevor Sie Sitz, Bleib oder die Leinenführigkeit in das Bringen einbauen, muss der Hund diese Übungen bereits gut können. Denn Ball oder Futterdummy ist ein hoher Reiz.

Was sich eignet: Jeder Gegenstand, den der Hund sehr gern mag und trägt, eignet sich zum Bringen. Also ein Ball, aber auch ein Ziehtau, ein Plüschtier oder ein Futterdummy. In Letzterem sind leckere Futterhappen enthalten, die er bekommt, wenn er das Dummy bringt. Der Gegenstand, den Sie für das Bringen verwenden möchten, sollte nur noch zum gezielten Apportieren eingesetzt werden – also nicht mehr als normales Spielzeug.

20 | Apportieren mit System

Vorteile: Das Bringen lässt sich problemlos in jeden Spaziergang einbauen. Dass Sie und der Vierbeiner dabei zusammenarbeiten, stärkt die Bindung. Da Apportieren sehr vielseitig ist, lassen sich für jeden Hund passende Aufgaben finden. Die Karten Nr. 19 und Nr. 20 zeigen nur ein paar Beispiele dafür, welche Varianten möglich sind.

21 | Auf dem Baumstamm

Abwechslung: Schon einfache Baumstämme, die am Boden liegen, reichen aus, um Abwechslung in den Spaziergang zu bringen. Ob dicke, dünne, lange, kurze Stämme oder Baumstümpfe – alle lassen sich für unterschiedliche Geschicklichkeitsübungen nutzen. Die Kombination aus Bewegung und Kopfarbeit fördert Koordination und Konzentration Ihres Hundes. Deshalb sind die meisten Vierbeiner bei diesen Übungen mit Freude dabei.

Anpassen: Ist der Stamm für einen kleinen Hund zu dick, hat er Probleme hinaufzukommen. Ist der Stamm für einen großen Vierbeiner zu dünn, wird das Balancieren sehr schwer. Achten Sie also darauf, dass Stamm und Vierbeiner zueinanderpassen. So ist der Spaß garantiert!

22 | Abrufen mit Spaß

Doppelt nützlich: Wer gelegentlich Abwechslung in den Rückruf bringt, schlägt gleich zwei Fliegen mit einer Klappe. Zum einen wird der Rückruf für den Vierbeiner interessanter, wenn der Weg zu Ihnen über ein Hindernis führt oder wenn der Hund beispielsweise von einer zur anderen Person gerufen wird. Zum anderen wird der Rückruf dadurch auch weiter gefestigt. Denn wenn man extra Situationen mit besonderen Anreizen schafft, wird der Vierbeiner nicht lange überlegen, sondern direkt zu Ihnen kommen. Aber auch Routiniers freuen sich über Abwechslung dieser Art.

Nicht vergessen: Der restliche Ablauf der Übung mit Ankommen, Sitzen und Anleinen bleibt trotzdem für den Vierbeiner immer gleich.

23 | Verstecken mit Familie

Nase im Einsatz: Suchen liegt Hunden im Blut. Da bietet es sich an, beim Spaziergang mit der Familie diese Art der Beschäftigung mal auszuprobieren. Hunde können neben Gegenständen auch Menschen suchen. Letzteres ist beispielsweise die Aufgabe von Rettungs- und Lawinenhunden. Aber auch der »normale« Vierbeiner kann die Suche nach Menschen auf Freizeitniveau lernen. Kindern macht das sicher großen Spaß, wenn der Hund sie sucht und findet.

Langsamer Aufbau: Machen Sie es dem Hund anfangs leicht, denn wenn er noch nicht verstanden hat, worum es geht, oder lange nichts findet, verliert er die Lust. Zunächst darf der Hund zuschauen, wenn sich ein Familienmitglied versteckt. Hat er es am Ende gefunden, gibt es immer eine Belohnung.

24 | Verstecken mit Familie

Es wird schwerer: Hat der Vierbeiner verstanden, worum es geht, und ist er mit Freude dabei, darf er sich mehr anstrengen. Denn auch zu einfache Aufgaben können den Spaß schmälern. Erst wird nur noch zum Teil zugeschaut, später darf der Hund gar nicht mehr zuschauen. Mal versteckt sich ein Kind, mal Mama oder Papa. Je nach Suchleidenschaft darf der »fortgeschrittene« Vierbeiner auch zwei Personen nacheinander in zwei Verstecken suchen.

Gelände sorgfältig wählen: Bei der Suche nach geeigneten Verstecken bitte immer darauf achten, dass man keine Wildtiere stört. Und Suchspiele nur dann abseits von Wegen machen, wenn Sie nicht in Naturschutz- oder ähnlich sensiblen Gebieten unterwegs sind.

25 | Spielzeug verstecken

Bringen variieren: Hunde, die gern etwas bringen, tun das oft noch lieber, wenn sie das Spielzeug oder das Futterdummy vorher suchen dürfen. Was für ein Highlight für den Vierbeiner, wenn er es tatsächlich mithilfe seiner Nase gefunden hat! Aber auch hier ist ein dem jeweiligen Hundetyp entsprechender langsamer Aufbau der Übung wichtig, damit der Vierbeiner nicht überfordert wird.

Viele Möglichkeiten: Man braucht dafür nicht unbedingt viel Platz, sondern es reicht schon ein Laubhaufen direkt vor der Nase. Oder eine Stelle mit Altgras oder Ähnlichem. Je größer der Laubhaufen oder je dichter das Altgras, umso schwieriger wird das Finden. Auch an der längeren Leine lässt der Hund sich so beschäftigen.

26 | Begegnung an der Leine

Eingeschränkte Kommunikation: Hunde müssen für ihr Wohlbefinden weder mit jedem Artgenossen spielen noch jeden begrüßen. Sie sollten sogar lernen, dass es an der Leine keinen Kontakt zu Artgenossen gibt. Denn durch den eingeschränkten Aktionsradius und schon die Leinen an sich kommt es zwischen den Vierbeinern leicht zu Missverständnissen und unguten Situationen.

Pflichtprogramm: Entspannt aneinander vorbeizugehen und es auch unaufgeregt auszuhalten, wenn ein angeleinter Artgenosse länger in der Nähe ist, gehört daher zu den Basics. Dieses Verhalten des Hundes ist auf dem Spaziergang sehr nützlich, aber beispielsweise auch in einem Lokal, wenn am Nachbartisch ebenfalls ein Hund ist.

27 | Mit und ohne Leine

Rücksicht: Es gibt viele Gründe, warum ein Hund gerade nicht frei laufen kann und/oder keinen Kontakt zu anderen Hunden haben soll. Vielleicht übt er gerade, ist krank, zu alt, zu jung oder läufig. Letztlich ist der Grund aber vollkommen egal. Hat jemand seinen Hund an der Leine oder dicht bei sich, ist es selbstverständlich, den eigenen frei laufenden Hund zu sich zu holen und ohne Kontakt an dem anderen Mensch-Hund-Team vorbeizugehen.

Konflikte vermeiden: Rücksichtsvolles Verhalten nützt sowohl den Hunden als auch ihren Menschen, denn auch die Kombination aus angeleintem und frei laufendem Hund ist ungut. Käme es zu einer Rauferei, hat der Mensch mit dem angeleinten Hund rechtlich gesehen die besseren Karten.

28 | Frei laufende Hunde

Unterschiedliche Typen: Frei laufend können Hunde normal und mit verschiedensten Botschaften kommunizieren. Aber nicht jeder ist ein »Spieljunkie«. Manche möchten nur kurz Kontakt, andere spielen ausschließlich mit dem Lieblingsfreund gern, manche sind machomäßig unterwegs. Es gibt aber auch Hunde, die total auf Artgenossen fixiert sind.

Entspannt unterwegs: Treffen einzelne frei laufende Hunde aufeinander, gibt es meist keine Probleme. Gehen Sie bei den Begegnungen einfach weiter, dann wird Ihr Hund von selbst wieder folgen. Vor allem, wenn er es gewohnt ist, sich an Ihnen zu orientieren. Wer dagegen wartet, bis der Hund fertig gespielt hat, oder ihn wiederholt ruft, kann oft lange warten. Besonders, wenn sein Vierbeiner auf Artgenossen fixiert ist.

29 | Frei laufende Hunde

Der passende Spielpartner: Passen die Hunde zusammen, steht dem Spaß nichts im Weg. Tobt aber ein junger Beagle mit einem ausgewachsenen Schäferhund, stimmen die Größen- und Gewichtsverhältnisse nicht. Außer dass Verletzungen die Folge sein können, wird der junge Hund auch überfordert. Das ist nur ein Beispiel. Achten Sie daher darauf, für Ihren Hund passende Spielpartner auszuwählen – sowohl in Größe und Gewicht wie auch im Temperament. Sehr kritisch sollten Sie gegenüber Toben in größeren Gruppen sein. Denn oft ist das »Spiel« gar keines, sondern Überforderung, Jagd, Mobbing, aufdringliches Rüdenverhalten und Ähnliches.
Genügend Platz: Platz ist wichtig, wenn sich fremde Hunde, etwa zwei Rüden, treffen. So kann sich jeder frei bewegen. Sie können sich beschnüffeln und umkreisen. Daher sollten Engstellen in solchen und ähnlichen Fällen für Begegnungen besser ausgespart werden.

30 | Aufmerksam sein

Reizvoll: Für viele Hunde sind Artgenossen ein Highlight. Das macht es dem Zweibeiner nicht einfach, die Aufmerksamkeit seines Hundes zu bekommen. Oft ist diese »Baustelle« hausgemacht. Nämlich dann, wenn der spielbegeisterte Hund es einerseits gewohnt ist, jeden Artgenossen zu begrüßen und mit ihm zu toben, und andererseits zu wenig Beschäftigung und Kommunikation mit seinem Menschen genießt.
Umstellen: Um den Hund auf sich aufmerksam zu machen, müssen Sie aktiv werden. Nutzen Sie Ihre Körpersprache und ruhig auch den Einsatz von Leckerchen dafür.

31 | Der Fernaufklärer

Weitblick notwendig: Manche Hunde sind sehr an ihrer Umgebung interessiert und unterwegs daher empfänglich für allerlei Ablenkung. Ob Mensch, Artgenosse, fliegende Blätter, Mäuse oder ein Vogel – alles ist interessant. Hat ein solcher Vierbeiner auch noch einen hohen Bewegungsdrang, kann sein Radius rasch größer werden, als Ihnen lieb ist – selbst wenn der Hund immer wieder nach Ihnen schaut. Hier ist es wichtig, vorausschauend unterwegs zu sein, um rechtzeitig reagieren zu können.

Beschäftigung: Eine Intensivierung von Richtungswechseln kann in diesem Fall nützlich sein. Auch gezielte Beschäftigungseinheiten unterwegs helfen.

32 | Der Jagdinteressierte

Anspruchsvoll: Wer einen jagdbegeisterten Vierbeiner hat, ist besonders gefordert. Hier kommt es darauf an, den Hund im richtigen Moment zu rufen und ihn so aus der Situation herauszuholen. Neben dem Rückruf ist auch das Sitzen auf Entfernung in diesem Fall sehr hilfreich.

Auf Nummer sicher: Die Jagdpassion ist nicht bei jedem Hund gleich stark ausgeprägt. Deshalb ist es wichtig, dass Sie Ihren Hund gut kennen. Im Zweifel ist er an der Leine immer besser aufgehoben. Das gilt ganz besonders im Frühjahr zur Brut- und Setzzeit und im Winter, wenn die Tiere mit der Energie haushalten müssen. Ein frei laufender Hund abseits von Wegen bedeutet für Wildtiere Stress, auch wenn er sie nicht jagt bzw. nicht erwischt. Es reicht die Beunruhigung. Bitte halten Sie sich gegebenenfalls auch an eine Leinenpflicht.

33 | Angst vor Menschen

Erkennen: Dass ein Vierbeiner Menschen gegenüber unsicher ist, erkennt man gut an seiner Körpersprache und seinem zurückhaltenden oder sogar ausweichenden Verhalten. Es gibt unterschiedliche Ausprägungen der Unsicherheit gegenüber Menschen. Die Ursache sind nicht in jedem Fall schlechte Erfahrungen, sondern häufig ist es auch eine entsprechende Grundveranlagung des Hundes.

Sicherheit geben: Hat Ihr Hund Probleme mit Menschen, ist es wichtig, dass Sie bei Begegnungen alles im Blick haben und dafür sorgen, dass sich niemand dem Hund so nähert, dass es für ihn zum Problem wird und er überfordert wird. So geben Sie ihm Sicherheit, und er bekommt nicht das Gefühl, in Bedrängnis zu geraten und selbst etwas tun zu müssen.

34 | Angst vor Menschen

Häufige Situationen: Manche Hunde reagieren nur unter bestimmten Bedingungen sensibel auf Menschen. Etwa wenn jemand unverhofft auf weiter Flur auftaucht. Oder wenn eine Person durch einen Hut, eine Kapuze oder einen Stock anders wirkt, als es der Vierbeiner als »normal« abgespeichert hat. Wer seinen Hund gut einschätzen kann, ist aber in der Lage, solche Begegnungen relativ stressfrei zu handhaben. Wichtig ist es jedoch, rechtzeitig und gelassen zu reagieren.

Entwicklungsphase: Bei manchen Hunden treten solche Unsicherheiten nur im Lauf des Erwachsenwerdens auf und legen sich dann fast oder komplett wieder. Und manche Hündinnen verhalten sich nur während oder nach der Läufigkeit etwas unsicher oder misstrauisch.

35 | Angst vor Geräuschen

Individuell verschieden: Wie Hunde auf Geräusche reagieren, ist sehr unterschiedlich. Viele bringt nichts aus der Ruhe, selbst wenn ein Topfdeckel zu Boden fällt. Andere erschrecken kurz. Manche aber reagieren auf jedes lautere Geräusch unsicher. Dann heißt es zu versuchen, den Hund allmählich daran zu gewöhnen. Bitte nicht durch einen »Crashkurs«, in dem der Hund ungebremst dem Geräusch ausgesetzt wird, in der Hoffnung, er gewöhnt sich daran.

Möglichst managen: Viele Geräusche lassen sich planen oder steuern. Aber manchmal ertönt plötzlich ein Knall oder eine Sirene. Dann ist es wichtig, ruhig und gelassen zu bleiben, um dem Hund zu vermitteln, dass es keinen Grund zur Sorge gibt. Ist die Unsicherheit eine entwicklungsbedingte Phase, kann sie sich auch wieder legen.

36 | Angst vor Objekten

Einfacher lösen: Reagiert der Hund unsicher auf Dinge, die er sieht, ist es meist einfacher, ihn an das Objekt heranzuführen, als die Situation eines ungewohnten Geräuschs zu managen. Plötzlich auftretende Objekte gibt es kaum, und wie nahe man herangeht, lässt sich gut dosieren. Hunde reagieren auch auf optische Reize individuell. Die einen bringt hier nichts aus der Ruhe, andere trauen sich nicht mal an einem Flatterband vorbei. Auch die starke Empfindlichkeit gegenüber optischen Reizen kann manchmal nur eine Phase sein.

Langsam gewöhnen: Wie bei der Empfindlichkeit gegenüber Geräuschen gilt auch für optische Reize, dass man den Hund langsam an Dinge, die ihm suspekt sind, heranführt.

Auf einen Blick: In dieser Übersicht finden Sie alle Anleitungen der fünf Kategorien mit den Nummern der Karten.

Das stärkt die Bindung

1 Bindungsspaziergang
2 Bindungsspaziergang
3 Körpersprache
4 Körpersprache
5 Streicheln als Lob
6 Körperkontakt entspannt

Gehorsam muss sein

7 Das Stopp-Signal lernen
8 Stopp-Signal in der Praxis
9 Den Rückruf festigen
10 Rückruf in der Praxis
11 Das Anleinen lernen
12 Das Ableinen lernen
13 Sitzen unter Ablenkung
14 Freigabesignal
15 Die Leinenführigkeit
16 Sich anpassen
17 Ausweichen
18 Aus dem Auto steigen

Rund ums Gassigehen

Beschäftigung tut gut

19 Apportieren mit System
20 Apportieren mit System
21 Auf dem Baumstamm
22 Abrufen mit Spaß
23 Verstecken mit Familie
24 Verstecken mit Familie
25 Spielzeug verstecken

Hundebegegnungen meistern

26 Begegnung an der Leine
27 Mit und ohne Leine
28 Frei laufende Hunde
29 Frei laufende Hunde
30 Aufmerksam sein

Die verschiedenen Hundetypen

31 Der Fernaufklärer
32 Der Jagdinteressierte
33 Angst vor Menschen
34 Angst vor Menschen
35 Angst vor Geräuschen
36 Angst vor Objekten

Register

Die Zahlen verweisen auf Seitenzahlen im Begleitbuch, **halbfett** gesetzte Seitenzahlen auf Abbildungen. U = Umschlagseite

Register

Adressen

Fédération Cynologique Internationale (FCI), Place Albert 1er, 13, B–6530 Thuin, www.fci.be

Verband für das Deutsche Hundewesen e. V. (VDH), Westfalendamm 174, 44141 Dortmund, www.vdh.de

Österreichischer Kynologenverband (ÖKV), Siegfried-Marcus-Str. 7, A–2362 Biedermannsdorf, www.oekv.at

Schweizerische Kynologische Gesellschaft (SKG/SCS), Brunnmattstr. 24, CH–3007 Bern, www.skg.ch

Deutscher Tierschutzbund e. V., In der Raste 10, 53115 Bonn, www.tierschutzbund.de

Österreichischer Tierschutzverein, Berlagasse 36, A–1210 Wien, www.tierschutzverein.at

Schweizer Tierschutz (STS), Dornacherstr. 101, CH–4008 Basel, www.tierschutz.com

Deutscher Hundesportverband e. V., Vosshoveler Str. 9 a, 46485 Wesel, www.dhv-hundesport.de

TASSO–Haustierzentralregister für die Bundesrepublik Deutschland e. V., Otto-Volger Str. 15, 65843 Sulzbach/Ts. www.tasso.net

Literatur

Schlegl-Kofler, K.: **Apportieren.** Gräfe und Unzer Verlag, München

Schlegl-Kofler, K.: **Hundesprache.** Gräfe und Unzer Verlag, München

Schlegl-Kofler, K.: **Welpen-Erziehung.** Gräfe und Unzer Verlag, München

Internet

www.hunde.com
www.hundewelt.at
www.stadthunde.com
www.spass-mit-hund.de
www.tierklinik.de
www.giftpflanzen.ch

Wichtiger Hinweis

Die Daten und Fakten dieses Buches wurden mit äußerster Sorgfalt recherchiert und geprüft. Dennoch kann eine Garantie nicht übernommen werden. Eine Haftung des Verlages für Personen-, Sach- und Vermögensschäden ist ausgeschlossen.

DIE WERDEN SIE AUCH LIEBEN.

Die Autorin

Katharina Schlegl-Kofler beschäftigt sich seit vielen Jahren mit der artgerechten Haltung von Hunden. In ihrer Hundeschule, die die sachkundegeprüfte Hundetrainerin seit mehr als 20 Jahren erfolgreich führt, finden Hundehalter fundierten Rat und Hilfestellung.

Bildnachweis und Impressum

Bildnachweis

Die Fotos zu dieser Box stammen von **Oliver Giel** (mehr Infos unter www.tierfotograf.com), mit Ausnahme von:

Shutterstock/Javier Brosch: Cover Box und Buch, Buch 1; **Privat:** Buch 48.

Syndication: www.seasons.agency

Impressum

© 2020 Gräfe und Unzer Verlag GmbH, München.
Projektleitung: Anita Zellner
Lektorat: Gabriele Linke-Grün
Korrektorat: Annette Baldszuhn
Bildredaktion: Petra Ender, Natascha Klebl (Cover)

Layout: H. Bornemann Design
Umschlaggestaltung:
Independent Medien-Design, Horst Moser, München
Satz: Ludger Vorfeld
Produktion: Mendy Willerich
Repro: Longo AG, Bozen

Printed in China
ISBN 978-3-8338-7282-2
1. Auflage 2020

 www.facebook.com/gu.verlag

GRÄFE
UND
UNZER

Ein Unternehmen der
GANSKE VERLAGSGRUPPE